31472400251512

CARSON CITY LIBRARY
900 North Roop Street
Carson City, NV 89701
775-887-2244

JAN 0 4 2016

Día de Acción de Gracias

Meredith Dash

www.abdopublishing.com

Published by Abdo Kids, a division of ABDO, PO Box 398166, Minneapolis, Minnesota 55439.

Copyright © 2015 by Abdo Consulting Group, Inc. International copyrights reserved in all countries. No part of this book may be reproduced in any form without written permission from the publisher. Printed in the United States of America, North Mankato, Minnesota.

072014

092014

Spanish Translators: Maria Reyes-Wrede, Maria Puchol

Photo Credits: AP Images, Glow Images, iStock, Minden Pictures, Thinkstock

Production Contributors: Teddy Borth, Jennie Forsberg, Grace Hansen

Design Contributors: Candice Keimig, Laura Rask, Dorothy Toth

Library of Congress Control Number: 2014938890

Cataloging-in-Publication Data

Dash, Meredith.

[Thanksgiving. Spanish]

Día de acción de gracias / Meredith Dash.

  p. cm. -- (Días festivos)

ISBN 978-1-62970-341-1 (lib. bdg.)

Includes bibliographical references and index.

1. Thanksgiving Day--Juvenile literature. 2. Spanish language materials—Juvenile literature.   I. Title.

394.2649--dc23

        2014938890

Contenido

Día de Acción de Gracias 4

Historia 8

Día de Acción de Gracias
en la actualidad 20

Más datos 22

Glosario. 23

Índice. 24

Código Abdo Kids 24

Día de Acción de Gracias

El Día de Acción de Gracias es un día para expresar agradecimiento. Es un día para **reunirse** con la familia y los amigos.

El Día de Acción de Gracias se celebra en noviembre. El cuarto jueves del mes.

Historia

Los **peregrinos** fueron los primeros en celebrar el Día de Acción de Gracias.

Los **peregrinos** llegaron a América del Norte en barco.

El barco se llamaba **Mayflower**.

El primer invierno fue difícil. Muchos **peregrinos** no sobrevivieron. Después conocieron a los **nativos americanos**.

Los **nativos americanos** sabían sembrar, cazar y pescar. Les enseñaron a los **peregrinos** a hacer lo mismo.

Los **peregrinos** estaban agradecidos por la buena **cosecha**. Por eso invitaron a sus amigos nativos americanos a un banquete.

17

Los **peregrinos** y los **nativos americanos** celebraron durante tres días. Jugaron y contaron historias.

El Día de Acción de Gracias en la actualidad

Ahora muchas personas de los Estados Unidos celebran el Día de Acción de Gracias. Comparten una comida especial.

Más datos

- La comida del primer Día de Acción de Gracias fue carne de ciervo, mariscos, carne y arándanos.

- Los **peregrinos** eran protestantes ingleses. Vinieron a América para separarse de la iglesia anglicana.

- Había 102 pasajeros y alrededor de 30 personas en la tripulación del **Mayflower**. Tardaron 66 días en cruzar el océano Atlántico.

Glosario

banquete – gran comida.

cosecha – producto del cultivo maduro. Una cosecha puede ser de vegetales, frutas o granos.

Mayflower – el barco en el que viajaron los peregrinos desde Southhampton hasta el Nuevo Mundo.

nativos americanos – primeros habitantes de América.

peregrinos – personas que viajaron desde Inglaterra en 1620 y se establecieron en Plymouth Rock, Massachusetts.

reunirse – juntarse.

Índice

amigos 4

América del Norte 10

banquete 16

celebrar 8, 18, 20

cosecha 16

familia 4

Mayflower 10

nativos americanos 12, 14, 16, 18

noviembre 6

peregrinos 8, 10, 12, 14, 16, 18

abdokids.com

¡Usa este código para entrar a abdokids.com y tener acceso a juegos, arte, videos y mucho más!

Código Abdo Kids:
NTK0472